HEUTE IST DER

perfekte Tag

UM GLÜCKLICH ZU SEIN

Glück ist eine Entscheidung.
Es ist die Dankbarkeit für all die
kleinen wunderbaren Momente
zwischendurch und die Entschlossenheit
aus allem, was dir begegnet, das Beste
zu machen. Glücklich sein ist einfach
und beginnt heute. Jetzt,
in diesem Augenblick …

Jeden Morgen dürfen
wir neu anfangen.
Jeder Tag bietet
neue Möglichkeiten
zum Glücklichsein.

MERLE BERGHOFF

DER SINN
DES LEBENS IST
das Glück.
AUS RUSSLAND

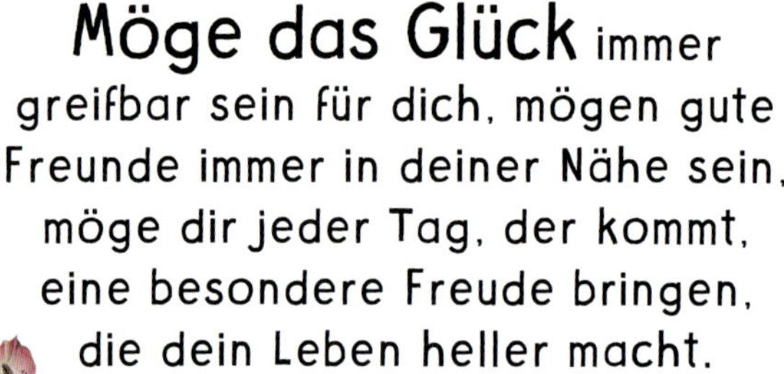

Möge das Glück immer
greifbar sein für dich, mögen gute
Freunde immer in deiner Nähe sein,
möge dir jeder Tag, der kommt,
eine besondere Freude bringen,
die dein Leben heller macht.

IRISCHER SEGENSWUNSCH

DIE ZEIT
IST EINE LEIHGABE,
DOCH JEDER TAG IST
ein Geschenk.

THOMAS ROMANUS

Wer morgen
GLÜCKLICH SEIN WILL,
MUSS HEUTE FÜR SCHÖNE
ERINNERUNGEN SORGEN.

ELLEN SONNTAG

Das Bewusstsein eines erfüllten Lebens gepaart mit
ERINNERUNGEN
an viele gute Stunden sind das höchste Glück auf Erden.
FRANCIS BACON

Kann Freude
ZAUBERN?
JEDENFALLS TRÄGT
SIE DAS GLÜCK
INS HERZ.
PAUL HUFNAGEL

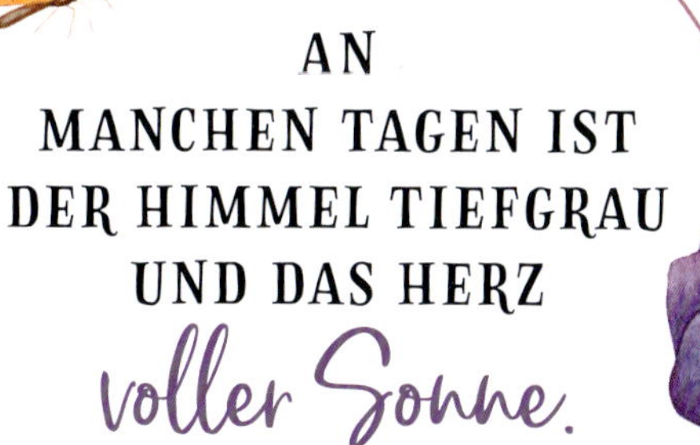

AN
MANCHEN TAGEN IST
DER HIMMEL TIEFGRAU
UND DAS HERZ
voller Sonne.

FRIEDERIKE WEICHSELBAUMER

IN UNS SELBST LIEGEN DIE STERNE UNSERES *Glücks.*

HEINRICH HEINE

DER HÖCHSTE GENUSS
BESTEHT IN DER
Zufriedenheit
MIT SICH SELBST.

JEAN-JACQUES ROUSSEAU

Das Glück
kommt tausendfach zurück,
wenn wir anderen einen
glücklichen Moment
schenken können.

CAROLA OTTERSTEDT

Alle Tage

etwas **Gutes tun**

heißt alle Tage

glücklich sein.

ELIZABETH SCHULER

DER EINZIG

glückliche Mensch

IST DER, DER GLAUBT,
DASS ER ES IST.

AUS FRANKREICH

AM LIEBSTEN LÄUFT
das Glück
IN OFFENE
ARME.
ELFRIEDE ENGEL

Und dann muss man ja auch

noch Zeit haben,

um einfach ruhig dazusitzen
und vor sich hinzuträumen.

UNBEKANNT

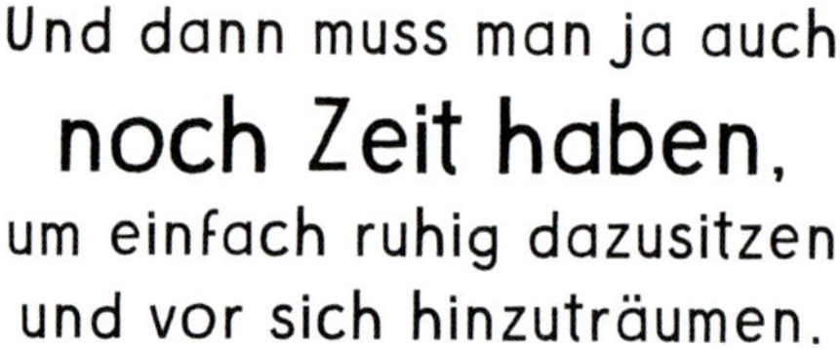

Die am Tag träumen,
KENNEN VIELE DINGE,
DIE DEN MENSCHEN ENTGEHEN,
DIE NUR NACHTS TRÄUMEN.

EDGAR ALLAN POE

DAS, WAS DU
heute denkst,
WIRST DU
MORGEN SEIN.

ZEN-WEISHEIT

Es muss ein
Zustand des Herzens sein:

ganz positiv

und sanft zugleich –
sonnig und entschlossen.

PRENTICE MULFORD

Bewährte
Trimm-dich-Übung
FÜR GUTE LAUNE:
einfach zügig Mundwinkel
anheben.
KARLHEINZ KARIUS

EIN MENSCH
ist so stark,
WIE ER LUSTIG
SEIN KANN.
CARL LUDWIG SCHLEICH

Ein guter Tag
FÄNGT
MORGENS AN.

AUS DEUTSCHLAND

Die beste Methode,

das Leben angenehm
zu verbringen, ist,
guten Kaffee zu trinken.

JONATHAN SWIFT

GUTE LAUNE MACHT SELBST AUS MÜHEN

JOHANN WOLFGANG
VON GOETHE

Bereitwilligkeit
IST DIE KUNST, GERN ZU TUN,
WAS MAN OHNEHIN TUN MUSS.
UNBEKANNT

Beschäftige deine

Gedanken mit Freude,

schon fühlst du, wie das
Glück erwacht.

PAUL HUFNAGEL

FÜR EINEN
Optimisten
IST DAS LEBEN
KEIN PROBLEM,
SONDERN BEREITS
DIE LÖSUNG.
MARCEL PROUST

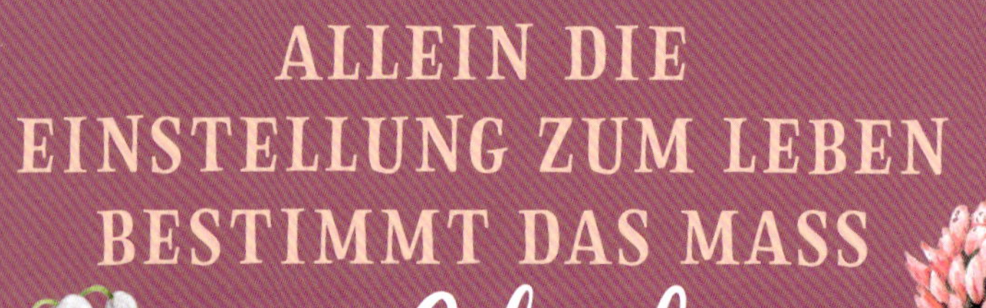
ALLEIN DIE
EINSTELLUNG ZUM LEBEN
BESTIMMT DAS MASS
an Glück.
URSULA KOHAUPT

Auf Dinge, die nicht mehr
zu ändern sind, muss auch

kein Blick zurück

mehr fallen! Was getan ist,
ist getan und bleibt's.

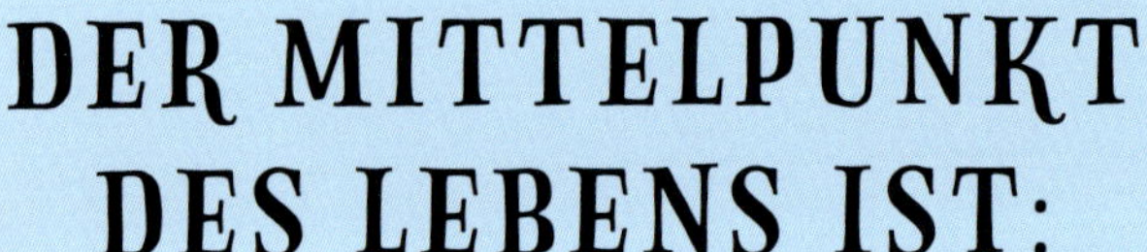

DER MITTELPUNKT DES LEBENS IST:

Heute!

CAROLA OTTERSTEDT

Das Glück
LIEGT ZWISCHEN
DEN KLEINEN UND
GROSSEN MOMENTEN
DES ALLTAGS.
ANGELIKA EMMERT

Auf dem Sofa liegen

und einen guten Roman lesen
ist ein Vorgeschmack der
ewigen Seligkeit.

HORACE WALPOLE

Kein Tag hat
genug Zeit, aber
JEDEN TAG
sollten wir uns
genug Zeit nehmen.
JOHN DONNE

Alle wesentlichen
DINGE IM LEBEN SIND
GESCHENKE, DIE NIEMAND
ZU BEZAHLEN BRAUCHT.

THOMAS ROMANUS

Das Geld
HAT NOCH KEINEN REICH GEMACHT.
SENECA

Auf Dauer zufrieden
zu sein, das gelingt nur
dankbaren Menschen.

ERNST FERSTL

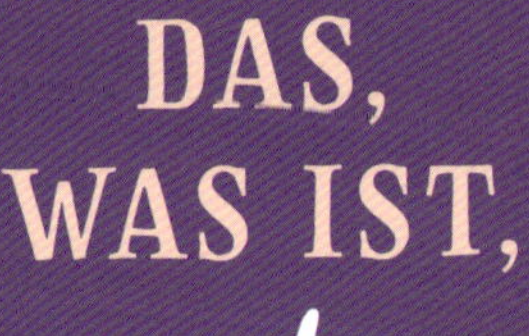

DAS,
WAS IST,

ist.

WILLIAM SHAKESPEARE

Man sollte immer

das Beste hoffen,

auf das Schlimmste vorbereitet
sein und hinnehmen, was kommt.

UNBEKANNT

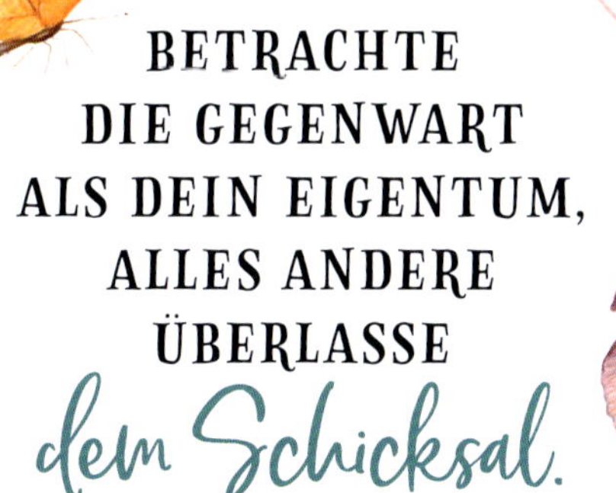

BETRACHTE
DIE GEGENWART
ALS DEIN EIGENTUM,
ALLES ANDERE
ÜBERLASSE
dem Schicksal.

EURIPIDES

Manchmal ist es,
als fiele ein Moment
aus der Zeit für

die Ewigkeit.

KIRSTEN SCHWERT

Sorglose

MOMENTE ZÄHLEN ZUR ERFÜLLTEN ZEIT.

FRIEDERIKE
WEICHSELBAUMER

DAS GLÜCK GETEILT
MIT FREUNDEN
IST UNS
doppelt süß.

EURIPIDES

Für meine Freunde

bin ich ganz Feuer, und alles,
was sie betrifft, berührt mich so,
als wenn es mich beträfe.

FRIEDRICH DER GROSSE

Auch ein kleines Glück,
das unser Herz berührt,
geht nicht einfach wieder:
Es lässt uns eine schöne
Erinnerung zurück.

IRMGARD ERATH

Es ist nichts so klein
UND WENIG, WORAN MAN SICH
NICHT BEGEISTERN KÖNNTE.

FRIEDRICH HÖLDERLIN

Wer glücklich sein will,
sollte seine kleinen
Schwächen akzeptieren.

NINA SANDMANN

Sei du selbst!
ALLE ANDEREN
SIND BEREITS
VERGEBEN.

OSCAR WILDE

Das Leben
ist dann am spannendsten,
wenn man es anpackt.
REINER MENZEL

KLEINE TATEN
sind besser
ALS GROSSE
PLÄNE.
THOMAS ROMANUS

Hundert kleine Freuden
SIND TAUSENDMAL MEHR WERT
ALS EINE GROSSE.
PAUL WILHELM VON KEPPLER

EINE STIMMUNG
EINFANGEN, GENIESSEN
UND FESTHALTEN –
WELCH EIN

Geschenk.

KATHARINA EISENLÖFFEL

Ein Wegweiser
zum Glück: Suche
DEIN GLÜCK
dort, wo du es schon öfter
gefunden hast.
ERNST FERSTL

Herausfinden,
WAS UNS GUT TUT
UND UNSERE SEELE
DAMIT FÜLLEN.
JUSTUS PAUL

Das Herrlichste in
der Welt ist, einen

neuen Tag

werden zu sehen!

MAXIM GORKI

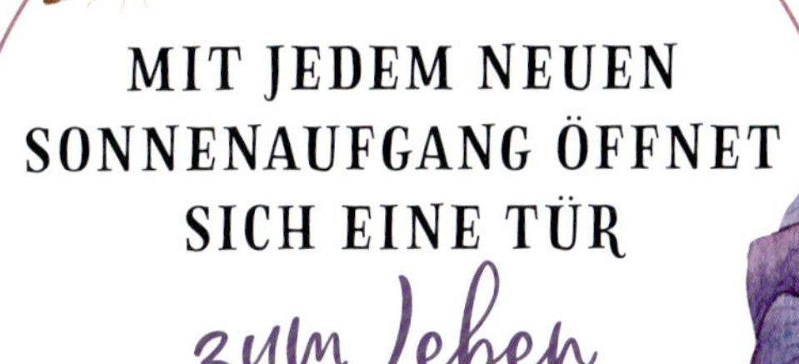

MIT JEDEM NEUEN
SONNENAUFGANG ÖFFNET
SICH EINE TÜR
zum Leben.

FRIEDERIKE WEICHSELBAUMER

Lebe heute,
VERGISS DIE SORGEN
DER VERGANGENHEIT.

EPIKUR

ERHELLE
das Morgen
MIT DEM
HEUTE.
ELIZABETH BARRETT-BROWNING

Behalte dir
deine gute Laune,
so kommst du gut
durch den Tag.

UNBEKANNT

Das Leben
IST VIEL ZU KURZ, UM SICH
LANGE ZU ÄRGERN.

ERNST R. HAUSCHKA

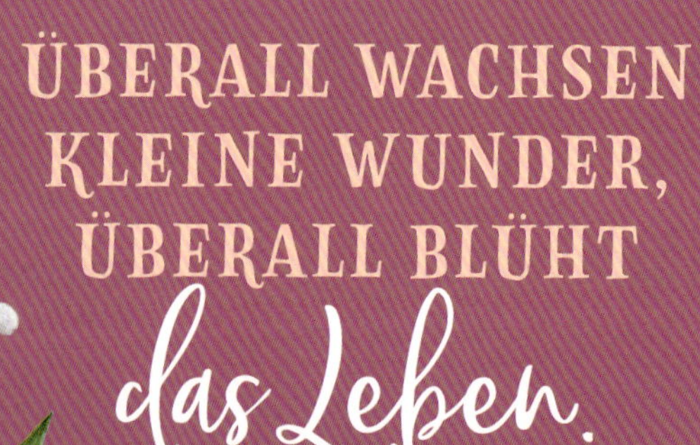

ÜBERALL WACHSEN
KLEINE WUNDER,
ÜBERALL BLÜHT
das Leben.

CHRISTINE MAINACHT

Mögest du dir die
Zeit nehmen, die stillen
Wunder zu feiern, die
in der lauten Welt keine
Bewunderer haben.

IRISCHER SEGENSWUNSCH

DIE WELT
IST ZUM GENIESSEN
DA, ALSO LASSE
DEINER FREUDE
freien Lauf.

PAUL HUFNAGEL

WAS DU
GENIESST VON
TAG ZU TAG,
DAS IST DEIN
Reichtum.
AUS INDIEN

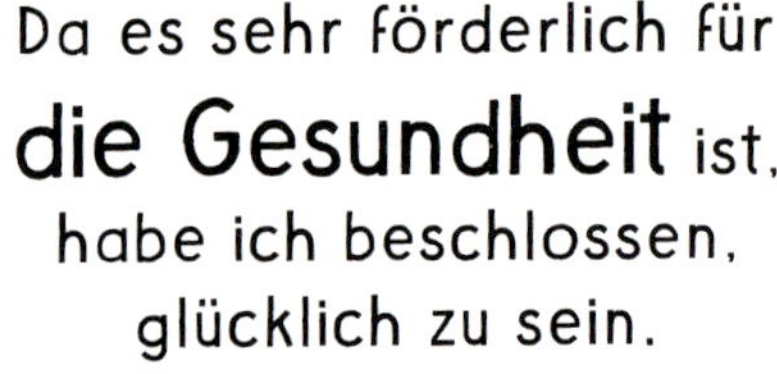

Da es sehr förderlich für

die Gesundheit ist,
habe ich beschlossen,
glücklich zu sein.

VOLTAIRE

Die Freude,

DAS KOSTBARSTE
LEBENSELIXIER, EINE HERRLICHE
MEDIZIN ZUR VERLÄNGERUNG
UNSERES LEBENS.

CARL LUDWIG SCHLEICH

BEGINNE JEDEN
MORGEN MIT
EINEM GUTEN
Gedanken.

CARL HILTY

Am Morgen haben wir den
Tag noch vor uns – ein Stück

unserer Zukunft,

das wir nach unserem
Wollen formen können.

Nicht hastig leben.
DIE SACHEN ZU VERTEILEN WISSEN, HEISST, SIE ZU GENIESSEN VERSTEHEN.
BALTASAR GRACIÁN Y MORALES

ABSCHALTEN.
SICH ZEIT LASSEN.
DIE WELT VERGESSEN.
Glücklich sein.
JEREMY A. WHITE

Glücklich sein
bedeutet im Einklang
mit sich selbst zu sein.

ANNA JOHANNSEN

Innere Harmonie

ist eine Quelle, aus der wir für uns
und andere Kraft schöpfen.

MARIELLE SCHUMANN

Das Großartige
AM LEBEN IST, DASS WIR
AUS JEDEM TAG EIN ABENTEUER
MACHEN KÖNNEN.

LISSY KLEE

Reiche Herzen
ERLEBEN VIEL IN KURZER ZEIT.
FRIEDRICH SPIELHAGEN

IN DER STILLE
BEGRÜSST UNS
UNSERE SEELE MIT
einem Lächeln.

DAGMAR C. WALTER

Das Leben
IST AM SCHÖNSTEN,
WENN ES EINEN
ZUR RUHE KOMMEN
LÄSST.

MARIELLE SCHUMANN

Nur für heute werde ich
mich bemühen, einfach den Tag
zu erleben – ohne alle Probleme
meines Lebens auf einmal
lösen zu wollen.

PAPST JOHANNES XXIII.

Die Kunst eines erfüllten Lebens ist

die Kunst des Lassens:

Zulassen – Weglassen – Loslassen.

ERNST FERSTL

Das wahre Glück
BESTEHT DARIN, SICH FREI
ENTFALTEN ZU KÖNNEN.
THÉOPHILE GAUTIER

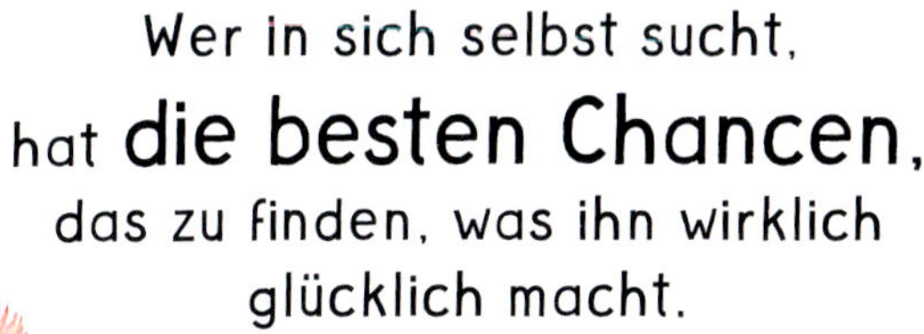

Wer in sich selbst sucht,
hat die besten Chancen,
das zu finden, was ihn wirklich
glücklich macht.

JOHANNA RÜCKERT

Für den, der sich an

EINFACHEN

Dingen erfreuen kann, ist
jeder Tag ein Fest.

PATRICE JEANCOURT

Die Erkenntnis, dass man

mit wenigen Dingen

auszukommen vermag, macht
nicht nur zufrieden, sondern
auch glücklich.

WALTER REISBERGER

Es gibt nur einen Weg,

glücklich zu werden, nämlich den,
der Stimme seines Gefühls,
seines Herzens zu folgen.

LUISE VON MECKLENBURG-STRELITZ

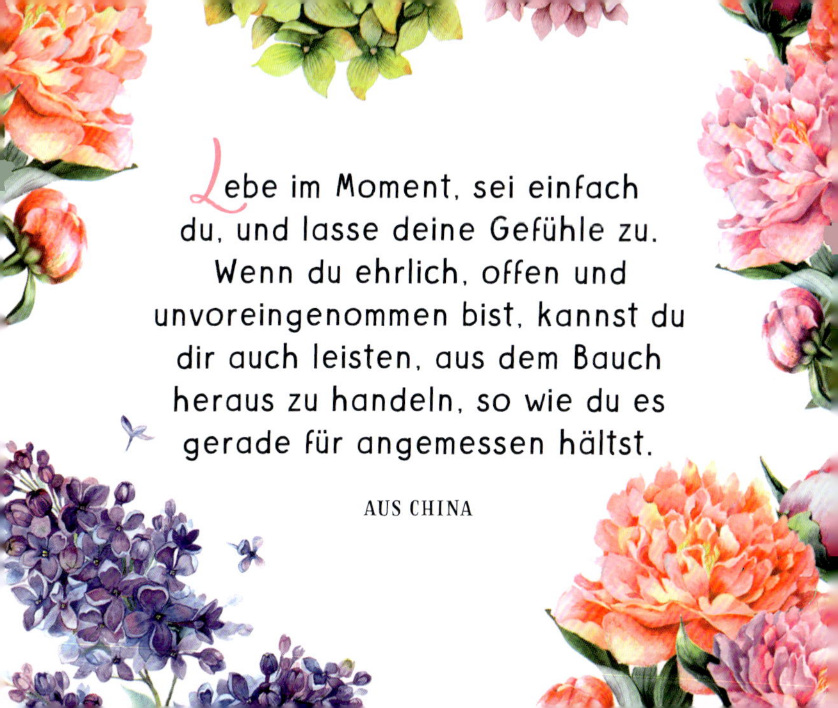

Lebe im Moment, sei einfach du, und lasse deine Gefühle zu. Wenn du ehrlich, offen und unvoreingenommen bist, kannst du dir auch leisten, aus dem Bauch heraus zu handeln, so wie du es gerade für angemessen hältst.

AUS CHINA

Freue dich am Leben
SO OFT WIE MÖGLICH, DAMIT
LEBENSFREUDE SICH ÜBER DICH
HINAUS AUSBREITET.
FRIEDERIKE WEICHSELBAUMER

Das kleine Glück

macht kein großes Aufsehen,
es geht vorüber, wenn wir
nicht lernen, es mit staunenden
Augen zu betrachten.

JUSTUS PAUL

GEMÜTLICH
zusammensitzen, freiweg
sprechen können,
unvoreingenommen gehört
werden – das ist Glück!

PETRA FRÖHLICH

DAS KÖSTLICHSTE
AUF ERDEN IST:
seinesgleichen
FINDEN.
GORCH FOCK

Jeder Tag
IST DER RICHTIGE,
UM FÜREINANDER
DA ZU SEIN.
ANGELIKA EMMERT

Liebe
MUSS NICHT PERFEKT SEIN, SONDERN ECHT.
UNBEKANNT

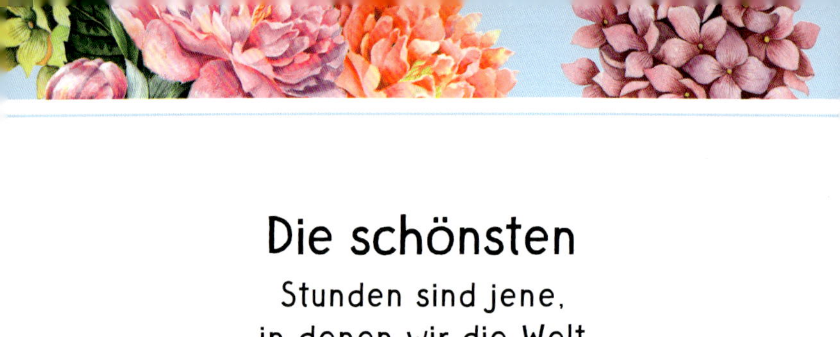

Die schönsten

Stunden sind jene,
in denen wir die Welt
um uns vergessen.

IRMGARD ERATH

AUSGELASSEN TANZEN
UND SPÜREN, WIE DIE MUSIK
IN DEN KOPF STEIGT –
welch ein Glück!

MERLE BERGHOFF

Eine Stunde ist nicht
lediglich eine Stunde; sie ist
ein Gefäß, das mit Düften, Tönen,
Plänen und Klimaten gefüllt ist.

MARCEL PROUST

Die Welt ist voll

von magischen Dingen,
die geduldig darauf
warten, dass unsere
Sinne schärfer werden.

WILLIAM BUTLER YEATS

Der genießt
wahre Muße, der Zeit hat,
den Zustand seiner Seele
zu fördern.

HENRY DAVID THOREAU

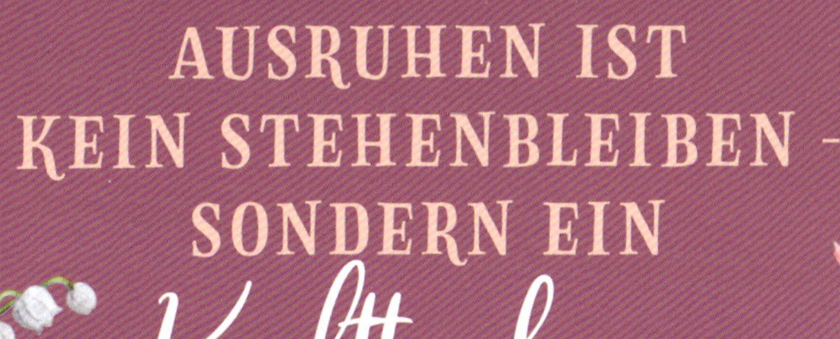

AUSRUHEN IST
KEIN STEHENBLEIBEN -
SONDERN EIN
Krafttanken.

ERNST FERSTL

NICHTS IN DER
WELT IST SO ANSTECKEND
WIE LACHEN UND
gute Laune.

CHARLES DICKENS

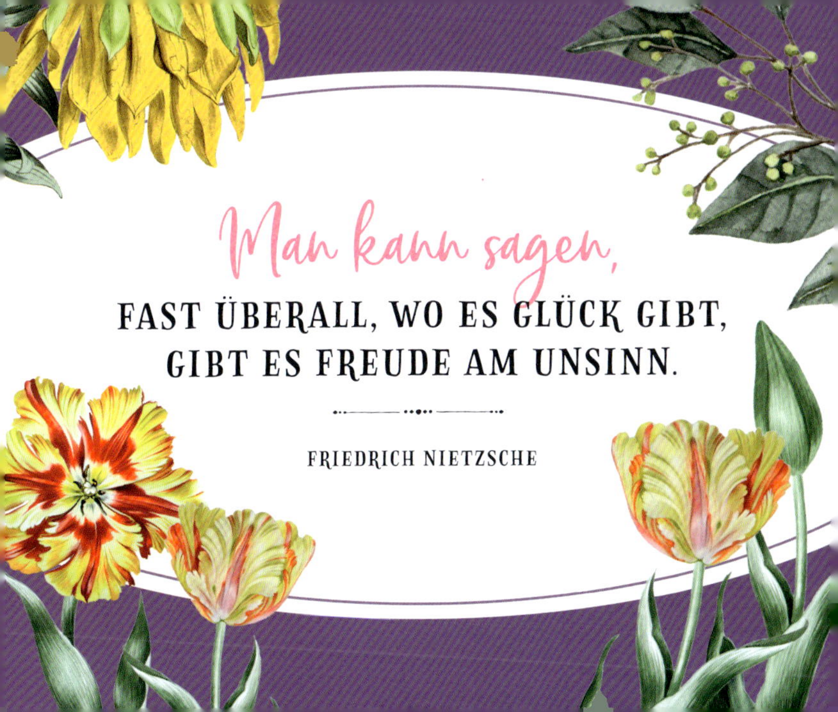

Man kann sagen,
FAST ÜBERALL, WO ES GLÜCK GIBT,
GIBT ES FREUDE AM UNSINN.
FRIEDRICH NIETZSCHE

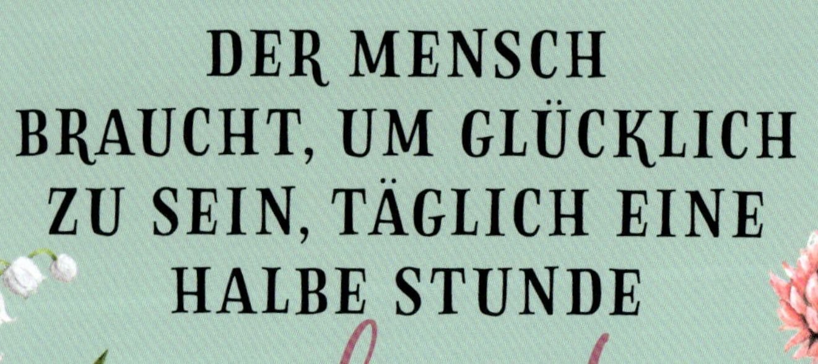

DER MENSCH
BRAUCHT, UM GLÜCKLICH
ZU SEIN, TÄGLICH EINE
HALBE STUNDE
nur für sich.
FRANZ VON SALES

Niemals bin ich weniger müßig
als in **meinen Mußestunden**
und niemals weniger einsam,
als wenn ich allein bin.

CICERO

WER SINGEN WILL,
FINDET IMMER
ein Lied. 
AUS SCHWEDEN

WER DIE
Musik liebt,
KANN NIE
GANZ UNGLÜCKLICH
SEIN.

FRANZ SCHUBERT

Jeder Tag ist neu,
jeder Mensch anders,
jeder Ort

INSPIRATION.

ANGELIKA EMMERT

Wenn wir jeden Tag

einen Gedanken oder einen schönen Moment finden, der es wert ist, aufgehoben zu werden, dann sind wir recht schnell im Besitz einer wertvollen Sammlung.

YVONNE MÖLLEKEN

Sei zuversichtlich!
ÜBERLASSE ALLES,
WAS KOMMEN MAG, GETROST
DER ZUKUNFT.
EBO RAU

Wir warten
NICHT AUF BESSERE
ZEITEN, WIR GESTALTEN
UNSERE ZEIT JETZT,
SO SCHÖN ES NUR GEHT.

ELFRIEDE ENGEL

Wenn uns eine
Sache fehlt, sollte uns das
nicht davon abhalten,
alles andere in vollen
Zügen zu genießen.

JANE AUSTEN

Glücklichsein

heißt nicht, das Beste
von allem zu haben,
sondern das Beste aus
allem zu machen.

UNBEKANNT

Besinnung
AUF DAS WESENTLICHE IST
DER BESTE WEG, STRESSIGE ZEITEN
GELASSEN ZU MEISTERN.
MARIELLE SCHUMANN

Wenn du strauchelst,
weil dir die Arbeit zu schwer wird,

möge die Erde tanzen,

um dir das Gleichgewicht
wiederzugeben.

WENN DICH
DAS REGENWETTER
BETRÜBT, MAL DIR
eine Sonne
ANS FENSTER.
DAGMAR BULMANN

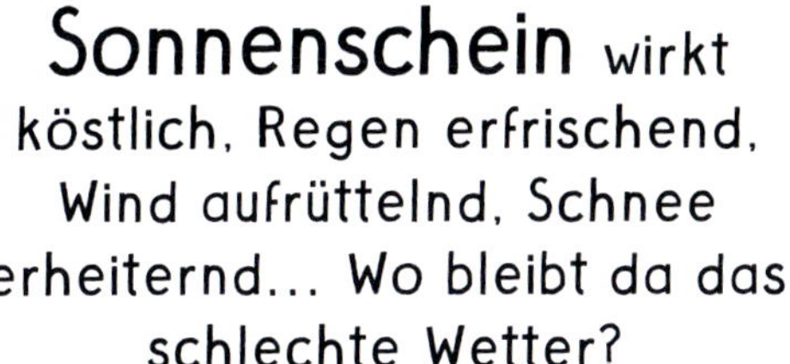

Sonnenschein wirkt köstlich, Regen erfrischend, Wind aufrüttelnd, Schnee erheiternd… Wo bleibt da das schlechte Wetter?

JOHN RUSKIN

Wo Neugier und
Offenheit sind, werden wir
mehr finden, als wir gesucht
haben, und manches mit
neuen Augen sehen.

BENEDIKT AMBACHER

WAS DEN TAG
ZU EINEM
erfüllten Tag
MACHT, SIND DIE
KLEINEN MOMENTE
ZWISCHENDURCH.
PATRICE JEANCOURT

Die Freude
AM LEBEN
HÄLT JUNG.
NINA SANDMANN

Wenn du deine
Aufmerksamkeit schärfst,
wirst du täglich
mindestens einen Grund
zur Freude entdecken.

INGRID KOLLER

Alles ganz
zu tun, unbeirrbar
mit Hingabe an den
Augenblick, schenkt ein
gutes Lebensgefühl.

ELSE PANNEK

Das Glück
BEGINNT, WO MAN
DIE ZEIT VERGISST.
UNBEKANNT

MAN SOLLTE VIEL
mehr Zeit
MIT
GLÜCKLICHSEIN
VERBRINGEN.
UNBEKANNT

DAS AUSSORTIEREN
DES UNWESENTLICHEN
IST DER KERN ALLER
Lebensweisheit.

LAOZI

NIEMAND AUSSER
DIR KANN DICH
glücklich
ODER UNGLÜCKLICH
MACHEN.
MARTIN OPITZ

Reiß deine Gedanken
von deinen Problemen fort, an den
Ohren, an den Fersen oder wie immer.
Das ist das Beste, was der Mensch
für seine Gesundheit tun kann.

MARK TWAIN

Wenn deinem Leben etwas fehlt,
versuch es mit einem Blick auf
die kleinen Dinge,
die dir Freude machen.

LISSY KLEE

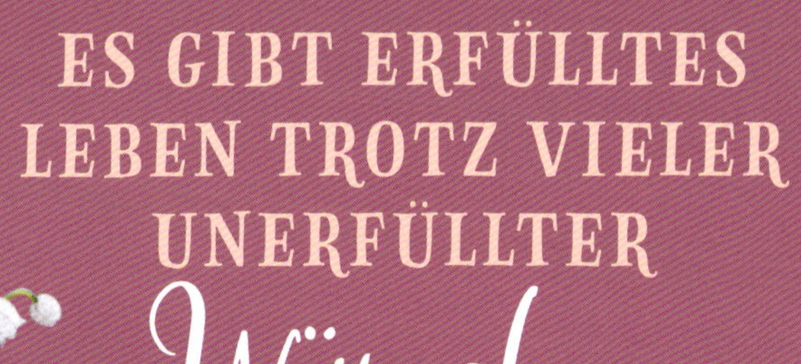

ES GIBT ERFÜLLTES
LEBEN TROTZ VIELER
UNERFÜLLTER
Wünsche.

DIETRICH BONHOEFFER

An das Gute glauben,
sich fallenlassen und
von ganzem Herzen
dem Leben vertrauen,
heißt es lieben.
NINA SANDMANN

Denn das liegt jetzt
in meiner Macht:
MEINEM LEBEN
die Richtung auf das
Gute zu geben!
LEO TOLSTOI

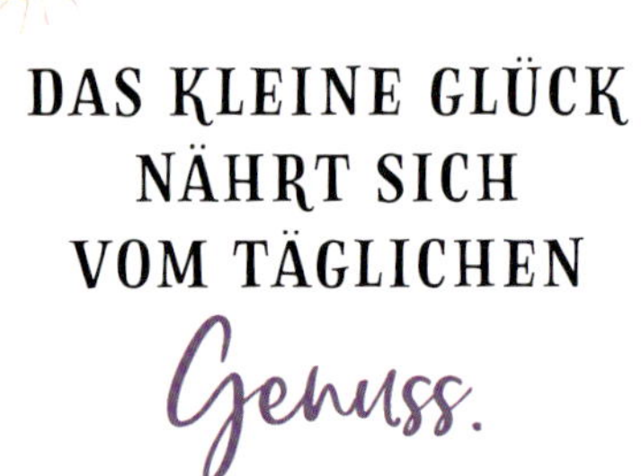

DAS KLEINE GLÜCK
NÄHRT SICH
VOM TÄGLICHEN
Genuss.

URSULA KOHAUPT

Das Leben
ist eine Artischocke,
von der man langsam Blatt
für Blatt genießen soll.

MANTEGAZZAS

Glück
IST IN BEIDEN HÄNDEN BLUMEN HALTEN.
AUS JAPAN

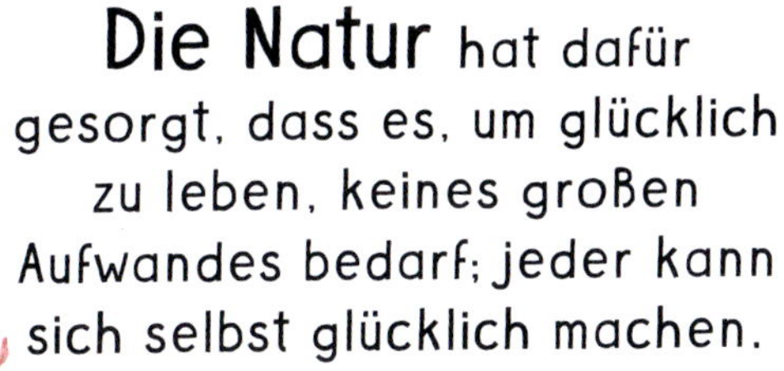

Die Natur hat dafür gesorgt, dass es, um glücklich zu leben, keines großen Aufwandes bedarf; jeder kann sich selbst glücklich machen.

SENECA

MACH NUR
DIE AUGEN AUF;
alles ist schön!
LUDWIG THOMA

Glücklich sind wir,
wenn wir das Schöne
und Gute in uns
und um uns herum mit allen
Sinnen erfahren können.

OTTILIA MAAG

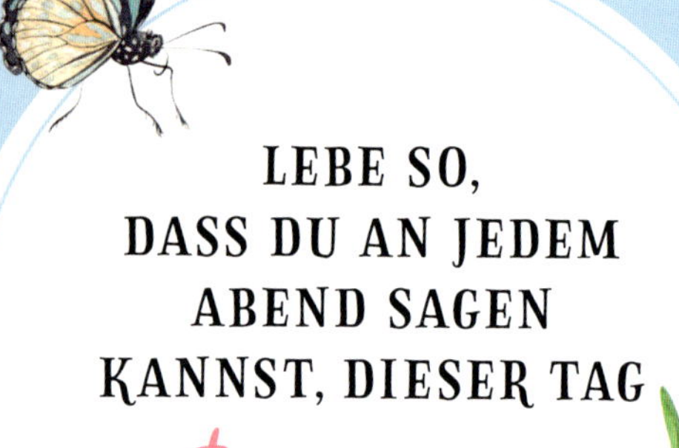

LEBE SO,
DASS DU AN JEDEM
ABEND SAGEN
KANNST, DIESER TAG
ist gewonnen.

IGNAZ AURELIUS FESSLER

Beende jeden Tag
und sei fertig mit ihm.

MORGEN

ist ein neuer Tag.
Beginne ihn gut.

RALPH WALDO EMERSON

Das Leben

MUSS NICHT PERFEKT SEIN, UM WUNDERVOLL ZU SEIN.

UNBEKANNT

RECHNE DIE
unvollkommenen Tage
ZUSAMMEN, SO KOMMT
EINE SUMME FREUDE UND
LEBEN HERAUS!

FRIEDRICH HÖLDERLIN

Der richtige
Augenblick zum
Glücklichsein
ist jetzt!
RAINER KAUNE

Das Leben
IST ZU KURZ,
UM DAS GLÜCK
AUF SPÄTER ZU
VERSCHIEBEN.

UNBEKANNT

FÜR DEN
WEISEN BEDEUTET
JEDER TAG EIN
neues Leben.

SPRICHWORT

Möge jeder Tag dir strahlende,

glückliche Stunden

bringen, die das ganze Jahr
bei dir bleiben.

IRISCHER SEGENSWUNSCH

Ein kleines Stück vom Glück, vielleicht auch ein großes.

Glücksklee, Hufeisen, Schornsteinfeger und mehr finden Sie auf:

www.geschenkverlage.de
facebook.com/grohverlag
instagram.com/grohverlag

LEBENSFREUDE 1000 DANK

GLÜCK GELASSENHEIT KLEINE FREUDEN

Einen guten Tag ein JA SCHENKEN

Schenken ist keine einfache Angelegenheit. Wir wollen die Beschenkten ja glücklich machen. Also begeben wir bei Groh uns stets aufs Neue auf die Suche nach dem Glück – und finden es in vielen kleinen Dingen. Inspirierende Zitate, bewegende Bilder, liebevolle Worte. Eigentlich ist es nämlich ganz einfach: immer mit dem Herzen schenken! Dann machen Geschenke einen normalen Tag zu einem ganz besonderen. Und dazu tragen wir bei.

Ihr Groh Team

Textnachweis: Wir danken allen Autoren bzw. deren Erben, die uns freundlicherweise die Erlaubnis zum Abdruck von Texten erteilt haben, sowie Ernst Ferstl für seine Texte: Ernst Ferstl, www.gedanken.at.

Bildnachweis: Cover und Innenteil: Shutterstock/Gannie, Shutterstock/Art_KVA ; Innenteil: Shutterstock/Inna Sinano; Shutterstock/Tamiris6; Shutterstock/Sundra; Shutterstock/Knopazyzy; Shutterstock/the palms; Shutterstock/Gringoann; Shutterstock/Botanical Watercolor.

Layout: Barbara Fuchs und Doris Wohofsky

Satz: wohofsky.net | Konstantin Wohofsky

Gesamtherstellung: Printfactory, Istanbul

Heute ist der perfekte Tag, um glücklich zu sein
GTIN 978-3-8485-2426-6
© 2020 Groh Verlag. Ein Imprint der Verlagsgruppe Droemer Knaur GmbH & Co. KG, München
www.geschenkverlage.de

56789